게으름의 찬양

분도소책 35

Chanoine Jaques Leclercq

Eloge de la paresse

Seconde édition suivie d'un supplément
Joseph Vandenplas Libraire-Éditeur, Bruxelles 1948

Translated by John I. Chang
© Benedict Press, Waegwan, Korea 1986

게으름의 찬양
1986년 1월 초판 | 2021년 5월 12쇄
옮긴이 · 장 익 | 펴낸이 · 박현동
펴낸곳 · 성 베네딕도회 왜관수도원 ⓒ 분도출판사
찍은곳 · 분도인쇄소
등록 · 1962년 5월 7일 라15호
04606 서울 중구 장충단로 188(분도출판사 편집부)
39889 경북 칠곡군 왜관읍 관문로 61(분도인쇄소)
분도출판사 · 전화 02-2266-3605 · 팩스 02-2271-3605
분도인쇄소 · 전화 054-970-2400 · 팩스 054-971-0179

www.bundobook.co.kr

ISBN 978-89-419-8603-4 02230
ISBN 978-89-419-0055-7 (세트)

샤끄 러끌레르끄

게으름의 찬양

장 익 옮김

분도출판사

"Otium sanctum quaerit
caritas veritatis;
negotium iustum suscipit
necessitas caritatis."

– Augustinus

(*De Civitate Dei*, XIX, 19)

"진리의 사랑은
거룩한 한적을 찾고
사랑의 부름은
마땅한 일을 맡는다."

— 아우구스티누스
(『신국론』, 19권 19장)

알

『게으름의 찬양』은

1936년 11월 17일
벨기에 자유 학술원
(Libre Académie de Belgique)
공개 회의에서 발언된
입회사이다.

그것은 당초
신입 회원을 맞아들이는
동료 회원들의 환영사에 대한
응답이었다.

림

1937년에 한정판 별쇄로 나온 지
한 달 만에 곧 품절된 이 글의 재판을
여러 벗들이 종용한 바,
저자는 그 친밀성을 감안하여
오랜 주저 끝에 드디어
응락한 것이다.

그로부터 십 년 여가 지난 1948년
재판이 나오면서 저자가 보탠
「후기」도, 본문과 더불어,
반 세기가 지난 오늘까지 절실한 발언으로
들려온다.

차 례

게으름의 찬양

1936년에 씀

위대한 예술가라야 하찮은 소재로써도 아름다운 작품을 만들어낸다고 합니다. 어떻게 그런 일을 해내는가는 여러분도 방금 들으신 대로입니다. 저도 여러분처럼 매우 흥미롭게 들었습니다. 당사자를 제법 잘 아는 터라서 여러분보다 더욱 흥미로웠습니다. 여러 어른의 재치있고 심오한 말씀을 다 듣고 난 이제, 배울 학(學)자 달린 것이면 무어든 멀리하기를 일삼는 모임인 이 학술원에 제가 들게 된 보답으로, 여러분께 게으름의 찬양이나 한마디 드려볼까 합니다.

왜 하필이면 그런 연제를 골랐겠습니까. 저 자신도 잘 모르겠습니다. 아마 짓궂은 기질을 타고난 탓이겠지요. 그런 걸 누가 궁리궁리한 끝에 정합니까. 카이설링 같으면 "가나" 때문이라고 할 터이고, 프로이트는 아마 "리비도"라고 하겠지요. 그러나 저로서는, 그런 알아듣지도 못할 어려운 말은 다 제쳐놓고, 주님 따라 그저 마음이 넘쳐흘러 입이 열렸다고나 해두겠습니다.

아니, 정말 그렇다는 생각이 듭니다. 확증이 있었습니다. 저와 가장 정이 두터운, 처음 만났을 때부터 서로 마음이 통하는 제자가 하나 있는데, 오늘 저녁 제가 이런 강연을 하리라는 기사를 어느 신문에서 보고는, 그 연제인 "'게으름의 찬양'은 선생님 친구분들과 제자 모두가

‘그러면 그렇지’ 하고 기대하는 바”라고 며칠 전에 써 보내지 않았겠습니까.

그런데 대뜸 부끄러운 마음부터 앞섭니다. 저의 자가당착에 대해 사과드리는 바입니다.

왜냐하면 가장 좋은 게으름의 찬양은 실천으로 했어야 제격이 아니었겠습니까. 전보를 한 통 쳐 일체의 일을 사양했어야 옳았던 것입니다. 이 연설문을 짓고, 잘 나오지도 않는 말귀를 애써 다듬어가면서 해태의 낙과 덕을 구가한다는 것은 아무래도 모순으로밖에 안 보입니다. 아무리 이모저모로 궁리해 보아도 도무지 빠져나올 길이 없습니다. 누가 그랬던가요. 모든 남자 안에는 저도 모르게 여자가 들어앉아 있고, 여자는 느낌 이외의 다른 논

리가 없다고 하지 않았습니까. 네, 그렇습니다. 이처럼 박학하신 모임에 감히 나타나게 되고, 그럴싸한 연제가 떠오른 게 그만 너무나도 좋았던가 봅니다.

그럴싸한 제목이란 얼마나 좋은 것입니까. 머릿속에서는 낱말들이 어울려 노래하고 춤추는가 하면, 광고를 보는 이들 눈에는 빛이 반짝하고, 온 동네에는 소문이 좍 퍼집니다. 그런데 그놈의 제목 밑에 무슨 소리를 달아야 할지가 그야말로 죽을 노릇입니다.

옛날옛적 아담이 하와 곁에 길게 누워 생명의 나무 그늘 밑에서 세상 기쁨을 맛보던 이래, 게으름의 찬양을 노래하여 마땅할 시절이 돌아온 것은 우리 시대가 처음인 줄 압니다.

왜냐하면 우리 시대는 치열한 생활을 자랑하고 있는데, 치열한 생활이란 실상 소동의 생활에 지나지 않기 때문입니다. 우리 시대의 상징 또한 경쟁이고 보면, 뛰어났다고 과시하는 온갖 발명 역시 슬기의 발명이라기보다는 모두 속도의 발명이기 때문입니다.

그리고 우리 삶이 제대로 인간적이려면 — 마냥 한가롭기만 해야 할 것은 없지만 — 거기에는 느림이 있어야 하기 때문입니다. 하기야 일의 찬양을 할 수도 있겠습니다만, 일이나 힘씀은 역시 쉼에서 비롯되고 쉼에서 그쳐야 하는 법이고, 위대한 업적이나 크나큰 기쁨은 뛰면서는 이루어질 수도 음미될 수도 없는 그런 것이기 때문입니다.

경주에 경주를 거듭한다는 것은 산에 산을 포개 쌓는 게 아니라 바람에 바람을 포개는 꼴이 됩니다.

인생의 목적은 무엇이며 행복은 어디에 있는 것입니까. "자꾸 뭘 하고만 있으면 뭐가 돼도 되겠지. 우선 해놓고 나중에 봅시다" 하고 현대인은 말합니다. 옛날엔 양반이면 아시다시피 일하기를 부끄러워했습니다. 그것은 그른 생각이었습니다. 꼿꼿하고 반듯하게 하는 일, 인간적인 가치를 구현하기 위해 하는 일이라면 인간을 들어높이기 때문입니다. 그런데 오늘은 어떻습니까. 이제는 양반이면 아무것도 안 하기를 부끄러워합니다. 이것 또한 그른 생각입니다. 부질없는 것을 피해 마음의 저 깊이를 되찾게

하는 한가로움을 부끄러워해서야 되겠습
니까.

물론, 이런 말을 하고 있노라면 곧 우
리 마음을 그늘지게 하는 것이 하나 있습
니다. 실업자들이 마음에 걸리는 것입니
다. 그들이야말로 우리 시대의 병폐인 목
적 없는 맹활동을 우리네 대신 속죄하고
있는 것입니다.

누구 아무개는 공장을 가지고 있는데 돈
을 어찌나 많이 버는지 그걸 다 어디다
써야 할지를 모릅니다. 일에 짓눌려 삽니
다. 근심으로 얼굴에는 주름이 깊어가고
두 눈에는 마음을 줄 줄 모르는 자의 차
가운 빛이 서려 있습니다. 자기에게 필요
한 이상으로 번다고 해서 그런 이가 활동
을 줄이고 생각할 여가를 내고 주위를 살

펴볼 것 같습니까. 천만의 말씀입니다. 무엇을 하는지 아십니까. 첫째 공장의 수입으로 또 하나의 공장을 세웁니다. 불필요한 일과 불필요한 근심을 한층 더 늘립니다. 그 결과는 여러분도 다 잘 아십니다. 공장은 문을 닫게 되고 실업 사태가 벌어집니다.

그것은 그렇다 치고, 경제학으로 말려들지는 마십시다. 인간이 그 비밀을 파헤치려는 생산과 유통의 끔찍한 학문, 한눈 팔다가는 손가락이 물려 으스러지게 하는 기계의 톱니바퀴처럼 사람을 잡는 경제학이니 말씀입니다.

오늘날 한가한 사람보다 더 바쁜 사람은 없습니다. 지치고 지쳐서 이젠 좀 쉬었으면 좋겠다는 소리 안 하는 사람 하나라도 보신 적 있으십니까. 쉬는 걸 말리는 사람은 아무도 없는데도. 그런 이들의 삶은 쓸데없는 근심걱정으로 가득합니다.

그렇다면 그 모자란다는 시간은 무엇에들 쓰고 있는 것일까요. 잘은 모르겠습니다만 요즈음 말 가운데에는 실속없는 것들을 가리키는 그럴듯하고 거창한 단어들이 더러 유행하는가 봅니다.

예를 들어 "사업"이라는 말을 보십시다. 사람들은 저마다 사업을 하고 있다고 그럽니다. 사업 때문에 일 좀 보러 나간다고 합니다. 그냥 어디로 놀러 나간다는 말은 감히 못하게 된 세상입니다. 그저 막연한 사업이라는 말을 가지고도 구실을 찾기가 정 어려워지면 이맛살을 찌푸리고 심각한 표정을 지으면서 "의사가 나더러 쉬라고 명하네요" 합니다.

저 자신, 그래도 편견 따위는 초월하고 산다고 자처하는 터인데도, 혹 친구네로 저녁이나 먹으러 가다가 누가 길에서 마주쳐 어딘지 나무라는 듯한 어조로 "시내에 식사하러 가시나요" 하고 묻기라도 하면, 시시하게 겨우 우정 따위에 이끌려 다닌다는 혐의를 씻어야만 할 것 같아서, 사뭇 점잖은 투로 "모모한 사람들을 좀 만나야 할 일이 있어서요" 하며 변명을 하게 됩니다. 그래야만 상대방도 비로소, "아아, 그냥 놀러 다니는 건 아닌 게로군" 하고 이해해 주는 판입니다.

또 "회의"라는 것도 있습니다. 회의에 안 나가는 사람은 없습니다. "오늘 오후에는 글쎄, 회의가 다섯이나 있어" 하고 어느 친구는 말합니다. 제가 아는 정치가들 가운데 "아니, 세 군데서 동시에 회합에 나오라네요" 하며 만날 때마다 투덜대지 않는 이는 하나도 없습니다. 그런데 그게 다 무슨 내용의 모임인지, 골프장을 거닐면서 하는 회의인지 아니면 칵테일을 시음하는 회의인지는 좀처럼 밝혀주지를 않습니다.

요즘 여행은 또 어떻게들 하는지 아시 겠지요. 그래도 내로라 하는 젊은이라면 스무 살 안짝에서 유럽의 절반은 벌써 다 돌아보았고, 더러는 해외에까지 다녀왔습 니다. 영국은 여드레면 되고, 오스트리아 는 열흘, 이탈리아는 길게 잡아 석 주일, 라인 강변은 주말 한바탕이면 거뜬히 다 봅니다. 하루에 한 삼백 킬로미터씩은 다 녀야 직성이 풀린답니다.

부유한 분들 덕에 이 사람도 가끔 차를 얻어타고 다니는데, 그러다가 혹 쌘-니끌 라스-와아스니 그라몽이니 하는 모르던

마을을 지나가게 되는 수도 있고, 가다가 길이 굽으면서 홀딱 반하게 아름다운 곳이 언뜻 시야에 들어오는 수도 있습니다. 휙 보기는 봅니다. 본다기보다는 고색창연한 담 같은 것을 그저 짐작만 하면서 훌쩍 지나쳐 버립니다. 요즘 자동차들은 아시다시피 앞으로 나 있는 길하고 아주 평평한 경치밖에는 아무것도 볼 수가 없게 만들어져 있습니다. 천장이 워낙 낮아서 시야를 아예 납작하게 짜부러뜨립니다. 하기야 달리기만 하면 되는 게 자동차라는데 다른 건 또 보아 무엇하느냐고 그러면 그만이겠지요. 실로 상징적인 이야기입니다. 문제는, 세상이 어디 길뿐입니까. 자연이, 자연 전체가, 인간이 두루 이루어놓은 업적 모두가, 세상이 아니겠습니까. 길이란 이런 세상의 모든 아름다움으로 이끌어달라고 낸 것이 아니면 또 무엇이겠습니까.

차는 달립니다. 멈춰서 좀 보자고 말을
꺼내봅니다. 옛 담, 새 집, 금빛 봄꽃으
로 깔린 초원, 또는 과수원 사이사이로
모습을 드러내는 붉은 지붕 마을들, 작은
숲들과 길가에 늘어선 백양나무, 굽이치
는 개울물이나 거칠디거친 싸리 숲, 갈대
가 무성한 큰 못들 등, 바로 눈앞의 풍경
도 좀 바라보자고 해봅니다. 모두 다 정
겹도록 평범한 것들입니다. 그것은 영원
이자 인생입니다. 우주입니다. 저 아득한
예로부터 그리스와 인도의 시인들이 읊어
온 삼라만상입니다.

아아, 내가 태어난 브라방 고향 땅을 걸
으면서 취해봅니다. 마치 암말의 등처럼
다부지고 둥글게 곡선을 긋는 기름진 땅,
굽이굽이 나아가다가 노란 왕모래로 빠져
나가는 길 따라 세상 그 어디서도 맛볼
수 없는 공기를 마시면서, 아주 마르는

법이라곤 없는 이 고장의 빛에 감싸여, 아침 저녁으로 흙에서 피어오르는, 온 자연을 마치 향피우듯 하는 대지의 뿌연 김을 쏘이며 …

그러다 보니 하던 이야기를 잊어버렸습니다. 조금 아까 차에 타고 있었다고 말씀드렸지요. 차 좀 세워달라고 제가 그럽니다. 그러면 "뭐 볼 것이라도 있나요" 하고 대답하거나, 아니면 "겨우 이런 것들 볼 때마다 멈추다가는 언제 도착하지요" 하고 나옵니다.

이렇게 대답하는 것은 그저 재미로 산책 나갔을 때나 꼭 가야 할 데가 따로 없을 때에도 마찬가지입니다.

어떤 때는 아예 아무런 대꾸도 않고 그저 가속 페달만 밟아댑니다. 이런 일을 몇

차례 당하고 난 이제는 감히 아무 말도
못하게 되어버렸습니다.

미술관 관람은 또 어떻습니까. 더 잘
이해하라고 안내를 합니다. 목소리가 센
사람이 감상하지 않으면 안된다는 그림이
보일 때마다 권위적으로 걸음을 멈추게
합니다. 그러고는 같은 권위로써 그림의
연대와 작가의 특성을 명심시킵니다. 그
특성이라는 것들로써 사람 머리를 마구
때리기를 꼭 집달리가 압수품 경매할 때
전통 따라 나무망치 두드리듯 합니다. 그
러는데도 바다 건너에서 온 우리 영국 이
웃들은 "오오, 뷰티풀!"을 연발하는가 하
면, 북쪽에서 내려온 네덜란드 누님네들
은 "왓 모오이!" 하면서 감탄만 잘 합니
다. 그야 어쨌든, 침묵이라곤 단 일 분도
용납되지를 않습니다.

그러고는 나갑니다. 다 보았습니다. 아무 것도 모릅니다. 골이 뻐개집니다. 그러나 저러나 미술관 관람 다니는 사람들이 아 직도 있는가 모르겠습니다. 여행한다는 것은 모름지기 돌아다니는 것, 차 타고 달리는 것, 원거리를 가는 것, 여기저기 보는 것, 빨리만 볼 수 있다면 어쨌든 많 이 보는 것 — 뭐 이런 것 아니겠습니까.

문명한 사람이라면 파리를 보는 데 하 루 이상 안 걸립니다. 물론 유람 버스를 타고 한바탕 도는데, 운전사 곁에 목청 억센 이 하나가 앉아 확성기까지 틀어놓 고는 악을 써 가면서 프랑스 문화가 무려 천 년에 걸쳐 꽃피운 아름다움과 조화의 명작을 모조리 주워섬기는 것입니다.

아아, 왕년에 다니던 한 시간에 두 푼짜

리 뚜껑 없는 작은 마차는 어디를 갔는
고. 졸려서 뒤뚝이는 말 걸음에 맡긴 채
옛 거리를 누비면서 온 시내를 구경시켜
주던 그 좋은 마차는, 그리고 추위를 견
디느라 독주를 몇 잔 걸쳐 얼큰해진 마부
가 손님 쪽으로 몸을 기울이고 채찍 끝으
로 저만치를 가리키면서 "저기는 있습죠,
나으리, 저기는 쁘띠-싸블롱 광장이라구,
옛날에 에그몽 백작이 바루 거기서 알바
공작헌테 목이 잘린 데지 뭡니까" 하며
구수하게 일러주던 그 좋던 시절은 다 어
디로 갔는고.

어려서 아멜리 고모님이라고 연로하신
고모 한 분이 계셨는데 — 아직도 그런
분들이 존속하는가는 모르겠습니다만 —
실은 처녀로 늙으신 왕고모님이셨지요.
그저 더없이 점잖고 꼬장꼬장한 분이라서

안락의자 같은 데에는 앉는 법이 없고 등이 반듯한 굳은 의자에라야 앉으시는 그런 분이었습니다. 시집을 가려고 했으면 몇 번이고 갈 수도 있었는데 본인이 원치 않아서 그만두었다고들 수군거리는 그런 부류의 처녀 할머니라고 할까, 여하튼 그 사명이 집안의 온갖 추억을 간직해 전하고 손자조카들을 위해 주다 못해 다 버려 놓는 그런 형이었습니다.

그 왕고모님이 이탈리아에 다녀오신 이야기를 이따금 해주시곤 했는데, 우리 증조부님이 돌아가신 1870년 무렵의 일이었답니다. 무려 6개월에 걸친 큰 여행으로서 로마에만도 두 달이나 묵으셨답니다. 요즘 같아서는 여섯 달씩이나 시간이 있고 형편도 넉넉한 사람이라면 적어도 세계일주쯤은 해야만 한다고 느낄 것입니다.

그러나 내처 여섯 달씩이나 지구를 돌며 뛰다 보면 같은 기간에 고향 오솔길 냄새나 맡으면서 거니는 저 같은 사람보다도 덜 보게 됩니다. 여행을 갓 다녀온 젊은 이들만큼 한심한 것이 또 있습니까. 기껏 가져오는 추억이라곤 다녀온 나라마다 휘발유 값이 얼마큼씩 다르더라느니 음식 맛이 어떻더라느니 하는 것이고, 잘해야 휙 훑어본 경치의 인상 정도이니 말씀입니다.

학생 아이가 어쩌다가 기분이 내킨 아버지에게서 용돈푼깨나 타낸 이튿날 기차 여행하는 모양 보신 적 있으십니까. 반 시간밖에 안 걸릴 거리인데도 신문 셋, 잡지 두엇, 주간지 한두 가지, 이렇게 잔뜩 사 들고는 기차를 탑니다. 도착역에 닿기도 전에 벌써 다 읽었습니다. 그렇다

고 아는 것은 하나도 없습니다. 더 읽을
수록 더 모릅니다. 더 뛸수록 덜 보게 되
는 것이나 마찬가지입니다.

저 자신 신문을 안 받아보려고 안간힘을
다 쓰고는 있습니다. 힘과 꾀를 번갈아
발휘한 치열한 투쟁 끝에 아직도 일간지
다섯과 주간지 여덟을 받아보고 있는 실
정입니다. 격월간지, 월간지, 계간지 따
위는 다 헤아릴 엄두도 안 납니다. 종이
가 한짐입니다. 우체부는 그것을 어찌 다
처리해 내며 우체국은 또 그런 것으로 무
슨 벌이가 되는지 도무지 모르겠습니다.
하여튼 펴 보지도 않은 채 몽땅 쓰레기
바구니에 처넣으려고도 해보았지만 집의
쓰레기통이 워낙 작습니다. 짐배라도 한
척 있으면 모를까, 달리는 도리가 없습니
다. 하다하다 못해 비장한 결심을 했는
데, 다름아니라 그냥 책상 위에 산더미처

럼 처쌓이도록 내버려두기로 결심을 했던 것입니다. 그러고는 거기 그대로 파묻혀 버리고 말았습니다.

이러다 보니 당초의 연제와는 상관도 없는 실없는 이야기만 여러분 앞에 늘어 놓았나 봅니다.

사람이 무엇을 감상하려면 멈추어야 하지 않습니까. 무엇을 생각하려 해도 마찬가지 아닙니까.

아닌게아니라 이 글을 써 나가면서도 허튼 소리나 할 때에는 손가락이 타자기를 저절로 치더니, 가다가 말 같은 말을 쓰려고 하기만 하면 멈추지 않을 수가 없었습니다.

산을 오르는 동안은 워낙 힘이 드는지라 그 노력에 정신을 온통 쏟게 되지만, 정상에 다다라 멈추게 되면 대기와 빛과 풍경의 아름다움이 가슴을 가득 채웁니다. 때로는 도중 중턱에 멈추어 보아도 또한 그렇습니다. 홀연 그 아름다움에 휩싸여 버립니다. 사방의 화려함에 온몸이 젖어 드는 것입니다. 그러면서 자신은 아무것도 안 하게 됩니다. 움직이지도 않고 아무런 힘도 안 쓰고 그저 받아들일 따름입니다. 그러고 있으면 삼라만상의 아름다움이 사람을 휩싸고 맙니다.

기록을 깨기 위해서 쏜살같이 달리거나 또는 비행기를 타고 전속력을 내는 어른은 아무것도 못 봅니다. 하지만 한눈을 팔면서 길을 싸다니거나 자전거를 타고 한나절씩 숲속을 산책하거나 세상 모르고

『코르코란 대위 탐험기』를 읽느라 정신이
없는 아이는 오히려 얻는 것이 많습니다.
모든 것이 살로 갑니다.

데카르트가 자신의 행로를 좌우할 예언적
꿈을 꾼 것도 이를테면 무위도식 상태에
서였고, 뉴턴은 나무 밑에, 아르키메데스
는 목욕탕 안에 각각 드러누운 상태에서
큰 꿈을 꾸었던 것입니다. 그리고 플라톤
이 아카데모스 정원에서 벗들과 더불어
사색을 한 일도 우리 시대가 말하는 소위
맹렬한 생활 따위는 결코 아니었습니다.
그의 『대화편』을 보아도 하나같이 한가로
운 이야기들뿐입니다.

아닙니다. 아름다움이 아름다움으로 보이
고 꽃을 피우게 되는 것은 뛰면서 되는
일도 아니고 군중의 소란 한가운데에서
이루어지는 일도 아니고 번다한 바쁜 일

들 틈바구니에서 생기는 일도 결코 아닙
니다. 고독·정적·한가로움이 있고서야
탄생도 있는 법입니다. 때로는 섬광 짓듯
생각이나 걸작이 피어나는 것도, 이미 오
래고 한가로운 잉태기가 그에 앞서 있었
기 때문입니다.

제 친구 한 사람이 어쩌다 남이 부러워
하는 왕국 장관직에 앉게 되자 — 그러고
보니 저도 높은 사람들과 더러는 사귀는
셈인가 보죠 — 즉각 그에게 충언의 편지
한 장을 띄웠습니다. 그 취지인즉 내각
전원이 매주 하루씩은 종일 들에 나가서
지내도록 강력히 제언하라는 것이었습니
다. 온종일 들에 나가 지내면서 스테이크
와 감자튀김으로 푸짐한 점심을 하고 크
레프로 후식까지 하고 나서 우리 나라 독
주도 한 잔씩 들고는 푸른 잔디밭에 모두

드러누워 조상님네 땅의 영원한 슬기가 몸으로 스며오르는 소리를 조용히 듣도록 하라는 것이었습니다.

말할 것도 없이 제 충언은 묵살되고 말았습니다. 그 결과 세상이 어떻게 돌아가고 있는지는 여러분도 잘 아실 겁니다.

그런데 이것은 사실 제 분야에 속하는 일입니다. 이 방면의 문제에 관해서라면 저도 전문가로서의 일가견이 있습니다. 사회학자로서 여러분께 드리는 말씀입니다만, 제대로 돌아가는 정부의 첫 조건은 위정자들의 정신이 명민하고 영혼이 고요하고 마음이 평온해야 한다는 것입니다. 무엇같이 긴장되고 정신없이 분망한 사람들한테 일을 맡기면 이 세상은 어떻게 되라는 말씀입니까.

그렇습니다. 평온, 정적 그리고 한가로운 여유, 한 장 읽고는 안으로부터 들려오는 노래에 귀를 기울이느라 놓아두는 책, 그 앞에서 걸음을 멈추고 앉아서는 더 가기를 잊어버리게 하는 그림. 풍경 또한 그렇습니다. 어둑한 우리 북해 바다, 하늘, 평평한 우리 시골 땅의 확 트인 하늘, 모든 풍경을 삼켜버리는 저 하늘. 층층으로 전개되는 아르덴 산악의 풍치, 우거진 골짝에서 푸르스레 피어오르는 구름. 우리를 사로잡는, 은연중 우리 마음에 사무치는 이 모든 것. 만사가, 우리의 삶 자체가 거기 따라 넓어짐을 느끼게 됩니다. 우리 안으로 이 모든 것이 들어오는 데에 그치는 것만은 아닙니다. 들어옴과 아울러 우리 자신의 가장 깊은 곳으로부터 또한 무엇인가가 솟아오르는 것입니다. 솟아오르고 노래하고 퍼지고 휩

쓸면서 우리를 사로잡습니다. 무한을 향한 모든 꿈, 순수를 찾는 모든 향수, 온전과 충만과 완성과 절대에 대한 모든 갈망. 말로도 생각으로도 담을 수 없으면서도 인간의 참 근저를 이루는, 오직 그것만이 살 보람을 이루는 저 전부, 저 형언할 수 없는 무엇 …

제가 무슨 말씀을 드리려고 하는지 아마 알아듣기 어려우실 줄로 압니다. 그렇다고 만물의 참 근저와 우리 자신의 참 근저란 전혀 이해할 수 없는 것이겠습니까. 아니면 다만 우리가 살아 있는 동안만은 알아들을 수 없는 것이겠습니까. 그럼에도 그것은 인간 누구나의 삶이 외치는 바입니다. 그것은 큰 사랑을 꿈꾸는 젊은이를 비롯하여 하느님을 찾고자 모든 것을 버린 수행자에 이르기까지, 미를 찾아 선을 그어 나가다가, 참 예술가이기에, 자신이 마음으로 꿈꾸었던 바를 찾아얻지 못해 자기 작품 앞에서 눈물짓는 화가에 이르기까지, 모두가 말해주는 바입니다.

출애굽기에 보면 야훼 하느님께서 모세를 산으로 부르셨다고 했습니다. 모세는 산에 올라 그 꼭대기를 덮고 있는 구름 안으로 걸어들어가 거룩하신 음성을 기다렸으나 하느님은 아무 말씀도 안 하셨습니다.

한 시간을 기다리고 하루를 기다렸습니다. 하느님은 아무 말씀도 안 하셨습니다. 이틀을 기다렸습니다. 하느님은 묵묵하셨습니다. 사흘, 나흘, 모세는 한 주일을 기다렸습니다. 이렛 만에야 하느님은 말씀을 하셨습니다.

하느님은 무슨 사환이나 부르듯 종을 눌러 불러내는 법이 아닙니다. 하느님 음성을 들으려면 기다릴 줄 알아야 됩니다. 모세는 산꼭대기에서 기다렸습니다. 기다리는 동안 그래 무엇을 했겠습니까. 아무것도 안 했습니다. 그저 마냥 기다렸습니다. 그렇다고 할일이 하나도 없는 모세였겠습니까. 천만에. 역사가 곧 말해줍니다. 모세가 떠나자마자 유태인들은 들판에서 서로 싸우기 시작했던 것입니다. 그런데도 모세는 산 위에 머뭅니다. 거기 머물고 있으면서 요즘 말로 시간 낭비를 합니다. 모세가 거기 머물고 있는 것은 하느님 음성을 기다리기 때문입니다.

이렛날 하느님은 말씀을 하십니다.

하느님 음성을 여러분은 들은 적이 전혀 없으시다고요. 하지만 여러분이 산에 올라가 반 시간이나 기다리셨더라면 아마 "뭐 이래" 하면서 도로 내려오셨을 것입니다.

시므온 노인에게 저는 남달리 존경이 갑니다. 그렇게 느끼는 것은 그 어른이 그저 기다리면서, 성경 말씀대로 이스라엘의 위안을 기다리면서, 고령에 이르렀기 때문입니다. 그러기에 남들은 대수롭지 않게 여기는 갓난아기를 부모네들이 안고 성전에 들어오자 그는 그 아기에게서 이스라엘의 위안을 곧 알아보았던 것입니다. 또 동방 성현으로 말하더라도 때때로 자기 집 망대에 올라 하늘을 쳐다보곤 하지 않았던들 그 별을 보았겠습니까.

별도 전혀 본 일이 없으시다고요. 하느님 음성도 듣지 못하시듯이. 그러나저러나 별들을 아직은 그래도 쳐다보기나 하시는지요. 밤의 고요 가운데에, 하늘 저 높이 뜬 별들의 반짝임이 내 안에 흘러 들어오도록, 가만히 머물고 계시는지요. 우리 모두 하늘을 보기야 봅니다만. 망원경으로. 달 표면에 화산구가 몇 개나 패었나 세어가면서.

우리 세기는 갓난아기를 알리는 별 따위는 더이상 믿지를 않습니다. 천주교인들이나 그런 것을 더러 믿지만, 그나마 하도 오랜 전승이라서 마지못해 믿어주는 형편입니다. 한때 유행하던 어느 책의 말에 따르면 우리 시대에는 하느님 음성을 듣는 인간들이 예전에 비해 퍽 드물어졌다고 합니다.

당연한 일이겠지요. 그야말로 바벨의 소음이 오관을 모두 뚫고 쳐들어오는 판에 듣기는 무슨 음성을 듣겠습니까. 온갖 소리와 빛깔과 모습과 느낌과 생각이 뒤범벅이 되어 사람들을 뒤덮고, 열두 살짜리면 이미 자동차 이름, 자전거 선수 이름, 축구 선수 이름, 영화배우 이름, 모르는게 없는 판인데 들리기는 무엇이 들리겠습니까. 이 북새통 속에서 어찌 내심의 노래가 들려오겠습니까. 마음의 노래란흰 가지 끝에 내린 이슬 한 방울이 떨리면서 시작되는 것, 새 소리와 트는 새싹으로 시작되는 것, 그것이 차츰 커지고깊어져 마침내는 우리 안에서 이름할 수없는 분의 목소리로 화하는 그런 것이 아니겠습니까.

아아, 그 소리가 노래하게 할진저.

귀를 기울이십시다. 이왕인데, 우리 누구나 오만 가지 할일이 있다는 것을, 아

니 바로 오늘 저녁도 바쁘다는 것을, 잠
깐만 잊으십시다.

오늘 저녁 이 행사를 치르기로 했을 때
제일 큰 걱정거리는 어떻게 하면 발언 시
간이 길어지지 않도록 제한하느냐는 점이
있다는 것은 저부터도 잘 알고 있습니다.

그래도 좋습니다. 지금, 이 순간만은, 그
런 것 저런 것 다 잊어주십시오. 긴 소리
는 안 하기로 약속드립니다. 그저 세상에
다른 아무것도 없는 듯이, 마치 시간이
멈춘 듯이, 순간이 그대로 머무는 가운데
우리 안에 영원이 태어나는 듯이, 여기,
지금, 잠시만 있어 보십시다. 그러고는
멈추어 보십시다. 요가의 도사들이 말하
듯 숨을 멈추자는 것이 아니라 이 모든
어지러움을, 이 모든 소란을 그쳐 보십시
다. 그나마 그럴 수만 있다면. 왜냐하면

소란의 징벌은 바로 소란을 그칠 수 없게 되어버리는 데에 있기 때문입니다. 마구 뛰고 외치고 쾌락으로 광란을 하고 나면, 흡사 회오리춤을 박자 따라 추기 시작했다가 그만 거기에 광적으로 홀려들고 마는 다르비슈처럼, 우리 또한 광란에 사로잡히고 말기 때문입니다.

네, 우리 영혼의 평화를 찾으십시다. 그리고 이 세상에 사랑이 내려 있다는 것을 생각하십시다. 가이없는 사랑이 이 세상에 깃들어 있지 않은들 우리 세상은 이토록 아름답지 못할 것입니다. 물론 사람들은 서로 죽이고 있음을 모르는 바 아닙니다. 그러나 그것은 사랑을 모르기 때문입니다.

그렇습니다. 소리를 들으려면 우리 마음에 평화가 깃들어야 합니다. 그 소리란,

처음에는 사물에 기인하는 인상이나 다를
바 없는 듯하다가도 차츰차츰, 뭐라 할
까, 겪어본 사람이 아니고는 알아들을 수
가 없고 아는 사람이면 그 값으로 모든
것을 다 내주는, 형언할 수 없는 체험으
로 화하는 그런 것입니다.

그렇게 들어야 듣는 것이고 그렇게 보아
야 보는 것입니다. 살아 계신 분을 뵈옵
게 되는 것입니다.

아니, 이번에는 정말 헛나갔나 봅니다.
여러분 눈치를 보니 아무래도 제가 엉뚱한
데로 빠져나가지 않았나 싶습니다. 용서하
십시오. 하기는 그러하나 저로서 여러분께
드릴 수 있는 말씀이 달리 또 무엇이 있겠
습니까. 탁월한 재능의 남녀 주인공 여러
어른이 이처럼 무리를 지어 모이신 앞에

서, 철학가·사회학자·소설가와 시인, 색
과 음과 형상의 예술가 여러분 앞에서 제
가 무슨 꼴이 되어야겠습니까.

장난삼아 사회학자를 자처한 것은 사실입
니다만, 무슨 뜻으로 드린 말씀인지는 여
러분도 곧 알아차려 웃으셨습니다. 저는
학자도 아니요 문인도 아니올시다. 저는
단지 하느님이 타는 숯으로 지져놓으신
한 딱한 사람에 지나지 않습니다. 그런데
그렇게 사람을 건드려놓으면 어쩔 도리가
없습니다. 타는 수밖에는. 그러기에 제가
여러분에게, 저를 회원으로 맞아들이신
이 석학의 모임에 드릴 수 있는 것이라고
는 단 한 가지밖에 없는 것입니다. 제가
본 바의 증언이 있을 따름입니다.

게으름의 찬양

후 기

1948년에 씀

12년이 지났습니다.

전쟁을 치렀습니다. 어떤 면으로는 전쟁이 우리를 속도에서 구해주었는지도 모르겠습니다. 왜냐하면 속도는 군대의 독차지였으니까요.
  우리는 걸어다녔습니다. 자전거 타고 전차 타고 다녔습니다. 그리고 집에 많이 들어앉아서 지냈습니다.
  전쟁은 우리를 곤경에 빠뜨렸습니다.

거기서 얻은 것도 있습니다. 삶이 단순해졌습니다. 진정한 것을 더 찾게 되었습니다.

원거리 편승을 하고 야영을 하러 다니는 젊은 세대는 차분합니다. 그 거동도 차분하고 삶에 임하는 태도도 차분합니다. 흥분하는 것은 부모들이고, 자식들마저 흥분시키려 드는 것도 부모들입니다. 하지만 오늘의 젊은이들은 대이변만 알고 자라났기 때문에 흥분을 안 합니다. 늘 보아온 것이 바로 정상인 것입니다. 그래서 이변적인 분위기에 개의치를 않습니다. 그중에서도 생각있는 젊은이들은 모든 것이 불확실한 인생을 차분히 응시할 줄 압니다.

늙은이들은 여전히 흥분합니다. 근래에 또다시 있었던 프랑스 내각의 파국으로 정부는 철야회의 도중에 무너졌습니다. 야밤 한시에 대통령에게 사표를 제출했습니다. 가엾은 노인을 잠자리에서 끌어냈던 것입니다. 잠을 설친 대통령은, 그 이튿날 벌어질 일은 두고보기로 하고, 도로 잠자리에 들었습니다.

늙은 세대는 이처럼 야밤의 극적인 소동을 즐기는 편입니다.

오늘의 젊은이들은 유럽으로, 아니, 바다 너머 온 세상으로 산책을 다닙니다. 산책이라는 말이 맞습니다. 돌아다니는 품이 과연 목적이 뚜렷하면서도 동시에 태연스럽습니다. 빠른 교통수단도 그들에게는 삶의 자연스러운 일부를 이룹니다. 늘 보면서 살아왔기 때문입니다. 그러기에 빨리 움직이면서도 서두르지는 않습니다.

늙은이들은 빨리 가는 것이 큰 자랑이었고 흥분하여 소리를 지르곤 했습니다. 자연이란 바로 늘 보아온 그것입니다.
　체스터턴의 글에 나오는 런던의 골목대장은 시골 가서 보름달을 보고는 그것을 가로등에 비기고 있지 않습니까.

타고 있는 자동차는 시속 60킬로미터를 달리고 있는데도 "이 털터리는 왜 이렇게 안 나가" 하면서 일곱 살짜리 조카녀석은 투덜댑니다.

비행기 타고 단숨에 큰 바다를 넘는 판에 겨우 몇 백 킬로미터 다녀왔다고 자랑할 것은 하나도 없어졌습니다.

그러나저러나 이제는 속도라는 것도 그 극에 달했나 봅니다. 속도가 부동의 경지에 이르는 것이나 아닌지 모르겠습니다.

제가 아는 한 조종사는 대륙간 원거리 수송을 맡고 있습니다. 그는 매우 평온합니다. 쉬는 날이면 가능한 한 시골로 가서 아이들하고 같이 노는 것을 큰 낙으로 삼고 있습니다. 브뤼셀-요하네스부르그 노선을 개통하고 돌아와서는 "거기 도착하고 보니 꼭 가까운 샤를러루아에라도 간 것 같은 기분이더군요" 하는 것이었습니다. 이제 거리라는 것은 없어졌습니다.

거리가 없어지면 움직임도 없어집니다. 이쯤 되면 기술을 소화해낸 새 인류가 등장하는 것일까요.

이제는 사람들이 많은 신문을 읽지도 않고 온 세상을 다 알려고 기를 쓰지도 않게 되었습니다. 일개인이 세상을 다 알기에는 세상이 너무나 크다는 것을 깨닫기 시작한 것입니다. 따라서 각자 제자리에 파고듭니다. 이런 추세는 무엇을 의미하는 것일까요. 약아졌거나 실질적이 된 것일까요, 아니면 단념을 했거나 겸손해진 것일까요. 각자의 성격에 따라 경우가 다르겠으나 어쨌든 전체로 보면 도로 평온해져 가는 셈입니다. 이와 아울러 내면의 생활에도 여지가 늘어나고 있습니다.

서머셋 모옴의 『면도날』에 나오는 주인공은 생각할 여유를 얻기 위해 택시 운전사가 됩니다. 얼마든지 그럴 수도 있겠습니다. 날마다 택시 정류장을 지나면서 운전사들을 보면 잠을 자고 있거나 서로 지껄이거나 세상 돌아가는 꼴을 바라보고 있습니다. 모두 평온스럽습니다.

그런가 하면 신식 가르멜 수녀들은 여공이나 점원으로 일하면서 관상생활을 하고 있음을 봅니다.

인간은 기계를 소화하고 있습니다. 덩어리가 커서 시간은 한참 걸렸지만 소화는 해내고 있습니다. 영혼은 결코 죽이지 못합니다.

인간은 기계도 소화하고 있고 속도 역시 소화해낼 것입니다. 그러면서도 저 형언할 수 없는 신비의 추구에는 지칠 줄 모를 것입니다. "사는 게 우선이고 생각은 다음"이라는 격언도 물론 있지만, 이념을

위해 죽기를 서슴지 않는 사람도 또한 언
제나 많았습니다.

이것은 다 신문에 나는 것과는 딴판의 이
야기입니다. 그러고 보면 공산주의니 자
본주의니 원자폭탄이니 하는 것은 모두
지나가는 것들에 속합니다. 대중은 표면
현상 쪽에 있습니다. 그러나 인간의 근저
는 형언 못할 신비 쪽에 있는 것입니다.

세상이 소란을 피워 우리로 하여금 귀가
먹게 하고 멍청해지게 할 수는 있습니다.
그러나 인간은 언제나 자기 존재의 원리
로 되돌아올 것입니다.

스 승 님

장 익 씀

우리 동양에서 일컫는 오복의 하나로 이 성한 것
도 친다던데 스승 잘 모신 것은 어디에 드는지
잘 모르겠습니다.

　이래저래 꽤 여러해 학창생활을 하는 동안
절로 우러르고 마음으로 모시게 된 몇 분 스
승 어른 중에서도 러끌레르끄 옹은 유다른 정
을 심어주셨습니다. 중국말로는 새파란 처녀
선생님도 교사면 일단 "노사"老師라고 부른다
는 것을 들었을 때, "러끌레르끄 옹이야말로
어른이자 스승으로 모셔 마땅한 분인데" 하는
생각이 곧 떠올랐습니다. 생각할수록 은혜로
운 만남으로 하늘이 베풀어주신 분들 중의 하
나였다고 마음으로 감사하게 됩니다.

육척의 묵직한 거구에 백발 상고머리를 하고 당당한 풍채로 기둥처럼 우뚝 교단에 서신 홍안의 모습에는 마치 장자를 연상케 하는 호협한 기상이 보였습니다.

듣기로는, 부유한 명문의 자제로 젊어서는 다분히 반종교적인 자유주의 배경의 법조인으로 매우 일찍 두각을 나타냈다가, 크게 깨달은 바 있어 갓 시작한 변호사직을 버리고 회두하여 늦게 신학교에 들어가셨다고 합니다.

이미 그 시절에 내신 명저『아씨시의 성 프란치스코전』을 보아도, 본디가 통념이나 감정이나 편견 따위에는 조금도 얽매임이 없이, 오만도 거짓 겸손도 모르는 순직한 아이처럼 맑은 눈으로 세상을 늘 새로이 바라보는 시원한 자유인임을 가히 알 수가 있습니다.

잡동사니가 비오듯

제1차 세계대전 후, 정신적으로도 피폐한 유럽이 악몽에서 깨어날 무렵, 크리스천 철학 부흥의 일환으로 당시의 선각자 메르씨에 —

후일 추기경 ― 교수가 벨기에 루뱅 대학교 내에 철학연구소를 개설한 후, 청년 교수 러끌레르끄를 초빙하여 법철학·윤리학·사회 철학 계통의 강좌를 맡도록 하셨습니다.

그런 지 몇 해가 안 된 어느 날 조용한 뜰 안에 자리한 연구소 이층 창문으로부터 느닷없이 책, 신발, 옷가지, 기타 잡동사니가 무슨 난리라도 난 듯 요란하게 마당으로 마구 쏟아져 내려오더랍니다. 아래층에 사시던 메르씨에 교수는 깜짝 놀라 조교를 불러서 무슨 변이 일어났는지 어서 이층에 올라가 보라고 시켜놓고는 초조하게 기다리셨답니다.

조교가 황급히 올라가 보니 이층이 숙소인 러끌레르끄 교수가 윗도리를 걷어붙인 채 마냥 물건을 창 밖으로 내던지고 계시기에 너무너무 놀라 그 까닭을 물은즉, "훨훨 다 털고 허허롭게 살려고 마음은 먹었었는데, 살다 보니 주체할 수도 없이 물건이 방으로 하나 가득 쳐쌓여 몽땅 내버리는 중일세. 이것저것 고르고 가리다 보면 도로 뭣이 많아져서 …

층계를 씩씩거리며 자꾸 오르내리기도 뭣하고 해서 우선 이렇게 던져놓고, 이따가 내려가서 치우기는 다 치울 테니 아무 걱정 말게”하며 한바탕 호방하게 웃으시더랍니다.

그 젊은 나이에 어쩌면

학기말 시험 기간중 하루는 선생님을 대학원 복도에서 우연히 뵈었습니다. 여느 때는 늘 쾌활하게 반겨주시던 분이 그날만은 좀 지치신 모습이었습니다. “동양의 젊은이들은 이 모양은 아니겠지. 이대로 가면 서양은 아무래도 망하려는가 보네. 글쎄 겨우 스물 안팎의 저학년생 수십 명 구두 시험을 치렀는데, 그 젊은 나이에 어쩌면 그렇게들 마음이며 태도가 보수적으로 얽매여 있을까. 삶에 저희가 벌써 무슨 특권이라도 있는 듯이. 참으로 서글픈 일일세”하시며 쓴웃음을 지으셨습니다. 그때의 선생님 연세 우리 나이로 일흔.

얼마 후, 자연법과 실정법에 대한 강의를 하시다가 갑자기, “학생 여러분은 식사할 때

모두 국부터 들지요” 하며 자문자답으로 물으시자 너무나 엉뚱하고도 뻔한 말씀이라 멍하니들 앉아 있는데, “왜 국을 꼭 먼저 먹어야 하나요” 하고, 이번에는 그 답을 잘 모를 물음을 다그쳐 물으시는 것이었습니다. 이어서 남학생들보고는 “여러분, 그냥도 숨막히는 세상에 넥타이는 누가 시켰다고 졸라 매고들 다녀요. 양복도 모조리 똑같은 식으로 지은 것만 입고. 중국 사람들은 밥 먼저 먹고 나서 국 먹는답디다. 우리 삶에서 소위 당연하다는 것들 좀 의문에 붙여가며 살아나갑시다” 하며 크게 한숨을 쉬셨습니다.

다 주어버리면 되는걸

선생님 댁은 루뱅 역에서 아름다운 14세기 시청 광장을 향해 “연합국로”라는 넓은 중앙통을 3,4분 가다가 왼편에 나 있는 제과점 이층이었습니다. 연로하신데도 어딘지 아기 같이 순박하신 데가 있어서 그랬는지는 몰라도 참 어울리는 데에서 사신다고 혼자 느끼곤

했습니다. 아래층 입구를 들어서면 늘 방금 구워내고 있는 과자의 맛있는 냄새로 하나 가득하였습니다.

하루는 뭣 줄 것이 좀 있으니 오라고 하시기에 좋아서 또 찾아가 뵈었습니다. 책상 한쪽으로는 "세상에 버릴 게 하도 많아 철도국 다니는 사람한테 일삼아 부탁해서 애써 구해온, 이탈리아에서 과일 실어오는 바구니"라고 하시던, 사람 둘은 족히 쭈그리고 들어앉을 만한 엄청난 왕골 바구니 "쓰레기통"이 여전히 입을 벌리고 있었습니다.

인사를 여쭙고 책상 곁 나무의자에 앉자, "이것 다 갖다 친구들한테 나눠주고, 모자라면, 얼마든지 또 오게" 하시면서 자그마치 한 스무 권 책을 이쪽으로 밀어주시는 것이었습니다.

그 책은 중국에서 금세기초에 온갖 간난신고와 동료 및 장상의 핍박을 무릅쓰고 본방인 교회 정립에 실로 혁명적으로 기여한 뇌명원 雷鳴遠(Vincent Lebbe) 신부님의 전기였습니다. 뇌 신부님이라면 몸·마음 속속들이 중국인이 되어, 불굴의 투쟁 끝에 교종 비오 11세로 하여금 15세기말 이래 행하던 서양 위주의 포교 관념과 정책을 근본적으로 개혁하는 회칙을 반포하고, 우빈于斌 주교를 비롯한 중국인 주교단을 임명하시게 한 역사적 공로자입니다. 뇌 신부님과는 젊은 시절부터 그 원대한 뜻과 고투를 나누셨고 친분도 남달리 두터웠던 터라 이 전기를 내셨던 것인데, 서양인 선교사 250여 명이 연명으로 극렬히 항의하는 바람에 그만 무마책으로 판매금지령을 내렸던 것입니다.

"모두가 알아야 할 이야기를 이렇게들 오해하니 참 어렵구먼. 여하튼, 팔지 말라고 했지 어디 선사하지도 말라고 했나. 다 주어버리면 되는걸." 선생님은 방 한구석에 산더미처럼 쌓인 신간 전기 2,000여 부를 가리키면서, 조금도 야속하다는 기색 없이, 허허 웃으시는 것이었습니다.

흠없는 흰 차돌

은퇴 연령이 넘도록 교편을 잡으시던 선생님이 막상 물러나시자 굵직하고 든든한 기둥이 하나 빠진 것만 같았습니다. 모두들 서운해하면서 노경에 여생을 어떻게 혼자 보내실까 하고 은근히 마음이 쓰였습니다.

얼마 있다가 선생님다운 소식이 들려왔습니다. 루뱅에서 기차로 한 시간 남짓 동쪽으로 가면 리에즈라는 공업도시가 있는데, 거기서 좀 벗어난 벌판에 있는, 이제는 농사에도 안 쓰이는 폐가 한 채를 구해서 고쳐 쓰기로 하셨다는 얘기였습니다.

농민마저 다 떠난 쓸쓸한 시골에서 어쩌시려나 했는데, 좀더 있으니까 그런 게 아니라 오히려 많은 사람들이 계속 찾아가 며칠씩 묵고 오기도 한다는 것이었습니다.

집은 아무 모양도 없는 낡은 농가였습니다. 그래도 안팎 단장을 새로 하여 그런대로 명랑해 보였습니다. 과연 어디를 가시나 명랑하고 건실하고 긍정적인 환경을 이루어놓는 분이

셨습니다.

출입문 설주 위에는 "흰 차돌"Le Caillou Blanc이라는 팻말이, 이를테면 우리네 당호격으로 조촐하게 달려 있었습니다. 현관에 들어서면 몇 줄의 알림이 맞은편에 붙어 있었는데, 거기에는 이렇게 적혀 있었습니다:

하나. 이 집에서는 죄 이외에는 무엇이든 허용됩니다.

둘. 집 주인은 이층 복도 끝방에 계신데, 인사 여쭙는 것이 예의일 것입니다.

셋. 잠자리는 서넛 있는데, 누가 이미 들어 있지 않은 곳으로 마음대로 택해 쓰십시오.

다 차 있으면 벽장에서 침구를 내다가 거실 또는 다른 곳에서 주무셔도 좋습니다.

넷. 시장하시면 부엌에 있는 음식을 마음대로 드십시오.

다섯. 집을 떠나실 때에는 다음 오실 분들을
위해 정리해 주시면 고맙겠습니다.
여섯. 이 집에 또 아무 소용없는 늙은이도
하나 사는데, 만나셔도 좋고 그만두
셔도 좋습니다.

편히 지내다 가십시오.

집 주인은 소성당에 모신 감실이었고, 늙은이는
선생님이시었습니다.
집 건사고 빨래고 음식이고 아는 이 모르는
이가 소리없이 앞을 다투어가며 보살펴놓아
늘 여유작작하였습니다. 소심하기로 이름난
그 나라에서는 실로 기적 같은 일이었습니다.
"흰 차돌"을 자유로이 찾아드는 이들 중에
는 젊은이도 많고 낯모를 사람도 많고 괴로워
하는 이도 많고 남녀 친지와 제자도 많고 교
회와는 멀던 사람도 많았습니다. 아이들도 많
았습니다.
문은 언제나 열려 있었습니다.

쟈끄 러끌레르끄

연 보

1891년 6월 3일 벨기에 수도 브뤼셀에서 탄생, 그곳
　　대학교에서 수학

1911년 20세의 약관으로 법학박사

1914년 루뱅 대학교 철학박사

1917년 사제서품

1921년부터 브뤼셀 생 루이 대학 교수

1924년 *La cité chrétienne*지 창간. 이미 이 무렵부터
　　제2차 바티칸 공의회로 결실을 거둔 쇄신운동의
　　선봉

1930년 벨기에 전국 대학생 사목 담당

1934년 전국 가정운동을 발족시킴

1938년부터 1961년 은퇴까지 루뱅 대학교 교수. 결
　　의론과 법적인 형식주의에 얽매인 전래의 편협한
　　윤리관을 인간 존중과 복음정신의 회복으로 쇄신,
　　사회성을 중시하는 더욱 책임있고 폭넓고 균형있
　　고 자유로운 사상을 전개. 많은 오해와 옹졸한 비
　　난으로 수난
　　자연법·윤리학·사회학 계통의 명저 다수
　　"해학과 역설과 지혜의 혼합"이라는 정평이 흉으
　　로도 쓰이고 칭찬으로도 쓰임

1971년 향년 80세로 서거